VOYAGE EN SAVOIE.

3 JUILLET 1824.

VOYAGE
A CHAMBÉRY,

LE 3 JUILLET 1824.

EN PROSE ET EN VERS.

*Lettre à M***.*

A PARIS,

CHEZ TOUS LES MARCHANDS DE NOUVEAUTÉS.

1827.

Imprimerie de David,

BOULEVART POISSONNIÈRE, N° 6.

VOYAGE

A CHAMBÉRY.

*Lettre à M***.*

Puisque vous désirez, mon cher ami, la relation de mon voyage en Savoie, je ne saurais vous la refuser. La voici donc, et vraie comme l'attachement que je vous ai voué. Puissiez-vous la lire avec autant de plaisir que je vous l'adresse!

N'en déplaise à tous les *monarchiques* du monde, qui, par le temps qui court, n'entendent pas plaisanterie, je suis allé voir de bons parens, de *ces amis que donne la nature*, et je n'ai seulement pas songé au roi de Piémont, de Chypre et de Jérusalem, qui, malgré tous ces beaux titres, n'en avait aucun, même à ma curiosité. Je ne visite pas les majestés, et, comme disait Beaumarchais, *j'ai refusé mieux*. Cette explication vous paraîtra, j'en suis sûr, bien raisonnable; mais beaucoup de gens la trouveront furieusement libérale et même révolutionnaire; ils y verront peut-être, grâce au *système interprétatif*, une tendance au républicanisme, car ces messieurs ont à leur usage un traité tout particulier de synonymes, dont Beauzée ne se doutait guère. Heureusement je ne suis pas condamné à leur complaire, et je profite amplement de cette *liberté grande*.

Ne pouvant disposer du céleste coursier
Dont maint rimeur se croit seul maître,
Je pars modestement sur un beau destrier
Que dans ses gras patis la Neustrie a vu naître;
Et sans avoir en croupe, ou plutôt dans mes bras,
Une errante beauté, que la sagesse excuse,
Au premier paladin confiant ses appas,
Qu'à son amant elle refuse,
Au gré de mes pensers, allant au pas, trottant,
Je chante ou réfléchis, et je fume ou déclame,
Et rêve tour à tour, parfois, au même instant,
A tout, à rien, voire à ma femme.

Cette manière de cheminer n'est sûrement pas la plus expéditive; mais je n'en connais pas de plus agréable, et c'est beaucoup pour qu'elle soit la meilleure. Rien de plus sot, à mon sens, quand la nécessité n'y contraint pas, que de tuer des chevaux qui n'en peuvent mais, et le temps qui, surtout alors, ne *fait rien à l'affaire;* cependant on se moque des musards, et on a grand tort. Eux seuls observent tout et jouissent de tout. Les physiciens, les naturalistes et les astronomes, les chimistes et tous les hommes supérieurs dans les sciences et les lettres, sont-ils donc autre chose? Qui le fut, surtout, plus que le bon Lafontaine? Ses fables le prouvent assez, ce me semble. Il a bien fallu qu'il se soit long-temps arrêté devant madame la Belette et Jeannot Lapin, pour nous les peindre avec tant de grâce et de vérité

La route que je parcours, parfaitement ombragée par le noyer aux larges feuilles que les anciens avaient consacré à Palès, serait fort agréable si l'on ne s'était avisé de vouloir la restaurer. Il paraît que l'on a décidé que de nombreuses ornières et des amas de cailloux devaient la rendre et plus commode et plus sûre. Doit-on douter que l'on n'ait très-bien fait, puisque M. le préfet l'a voulu ? Un préfet peut-il se tromper... même dans les listes électorales ? Je suis seulement surpris que le conseil départemental, dont la gratitude est toujours si généreuse et si active, n'ait pas donné à cette route le nom de *voie D'Haussez*. Les Romains d'autrefois en agissaient ainsi ; mais ce n'est pas à ceux-là qu'on veut ressembler.

Arrivé cependant sans encombre aux pieds du château de May, je ne puis aller plus loin sans lui payer le tribut de mon admiration. Son site ne pourrait être plus pittoresque, plus gracieux ; c'est plutôt la coquetterie que le luxe de la nature ; et l'art a été assez bien inspiré, pour ne pas tenter de l'embellir. L'immense et féconde plaine du Graisivaudan, dont une partie se développe à mes yeux ravis, les montagnes verdoyantes ou grisâtres qui circonscrivent cet admirable bassin, et l'Isère et le Drac au cours rapide et sinueux qui, par leurs innombrables méandres, simulent si heureusement des nappes d'eau rapprochées, ou la mer Egée en miniature, multiplient et opposent les aspects les plus enchanteurs et les moins prévus. Cette situation, que je crois unique dans ces romantiques contrées, où les paysagistes qui ne veulent pas peindre éternellement les éternels glaciers de la sauvage Helvétie, font de si abondantes moissons, me charma d'autant plus, qu'elle forme un amphithéâtre de gazon et de bois, dont la pente est presque insensible ? Il n'est rien que je prise moins que ces prétendues magnifiqus perspectives faites plutôt pour des aigles que pour des hommes, et qui sont à la fois à perte de jambes, d'haleine et de vue. Je veux m'arrêter souvent pour voir et non pour respirer.

Ventru, malgré les ministres, je ne suis pas assez sot pour vouloir ressembler à ce pauvre Sisyphe, obligé de rouler une grosse pierre ronde du bas d'une montagne au haut.

Le château avait naguère l'honneur d'appartenir à M. de C....., descendant prétendu, en ligne droite ou brisée, des anciens rois de Hongrie. Différentes cours du royaume ont eu la barbarie de lui défendre ce titre innocent, influencées, à ce qu'il dit, par l'heureux détenteur du trône de ses pères. Aussi, se récrie-t-il sans cesse contre la légitimité de la force sur la force de la légitimité. Ses hautes prétentions sont-elles fondées ? Non certainement ; il lui manque cent mille avocats pour les prouver, et surtout pour les faire admettre.

Il n'eût point été toutefois, comme tant d'autres, un *souverain parvenu ;* car on voit, sur une tapisserie, une scène du déluge, où un homme poursuit Noé en lui disant : « Mon ami, sauvez les papiers des C...! »

Cet ex-royal manoir est présentement habité par une dame qui, sans avoir des aïeux couronnés, pourrait bien faire les honneurs d'une couche royale et voire impériale. Elle possède, dans toute son étendue, l'empire de la beauté. Je plains M. de C... de n'avoir pas des droits à celui-là ; il en jouirait au moins.

On arrive en quelques minutes à Voiron, jolie petite ville bâtie dans un vallon circulaire dont les hauteurs sont couvertes et parées des produits variés et des fruits de la végétation la plus active et la plus riante. Là, comme partout où règne l'industrie, on voit que l'agriculture partage l'or d'un commerce heureux, et leur double et inséparable prospérité rappelle l'autel commun qu'Athènes leur avait élevé.

Les Voironnais s'occupent beaucoup du négoce des toiles, dont la vente est de six à sept millions. On a dit d'eux qu'ils avaient chassé l'esprit à grands coups d'aune; mais je puis vous assurer que, plus heureux que nos proscrits, il est bientôt rentré.

On ne va pas à Voiron sans voir le parc de M. de B***, et lui-même, si l'on peut. Il est à la fois un homme de salon et de cabinet, qui, tour à tour général et préfet, à l'exemple des vieux Romains, s'est également distingué dans deux carrières, qui sont pour nous diamétralement opposées. Quoiqu'octogénaire, il n'est rien moins que caduc, et je souhaite à beaucoup de jeunes gens sa santé, sa mémoire, son courage et son esprit. La vieillesse ne paraît être pour lui que l'expérience, qui malheureusement est *grise*, comme dit un de nos anciens poètes.

Figurez-vous, mon ami, une montagne, une vallée, des précipices, des usines, des bosquets, des ruines, une rivière, des jardins et un château réunis, et vous aurez une idée approximative des beautés gracieuses et sauvages de son habitation, qui, par tant d'heureux contrastes, est vraiment un tableau en raccourci de notre pittoresque Dauphiné.

Des fenêtres du château votre vue plonge presque perpendiculairement sur une vaste place publique, où l'on peut aisément reconnaître les personnes qui s'y trouvent. En face de vous plusieurs chemins publics et particuliers, ou droits, ou sinueux, bordés par la blanche aubépine, et qu'on prendrait pour des ruisseaux argentés qui *ne marchent pas*, découpent avec grâce les divers paysages qu'ils divisent. C'est le plus joli panorama que je connaisse.

A droite, une montagne escarpée et nue, où la chèvre avide et aventureuse n'ose se suspendre à la ronce pendante, attriste vos regards. Trouvez-vous cette transition trop brusque, trop pénible?

Au fond d'un frais vallon, dans lequel serpente mollement la Morge aux ondes azurées, des roues rapides et blanches d'une écume pétillante que le soleil fait étinceler, répandent en murmurant un bruit continu de vie et d'activité, au lieu de ce silence de mort et de stagnation qui vous glaçait tout-à-l'heure. C'est le mouvement de la création qui succède à l'immobilité du néant. En parcourant un dédale ingénieux et parfumé, où les Flores et les Dryades des deux mondes, étonnées de leur réunion, ont un temple commun, contemplez des allées tortueuses et suspendues sur d'immenses abîmes que voilent et assombrissent de gigantesques sapins. La funèbre verdure de ces vieux enfans de nos Alpes fait, même au milieu des pompes de l'été, songer à l'hiver destructeur qui n'a pu la flétrir, et semble verser encore la fraîcheur de la neige qui la couvrait naguère. Où trouver, et dans un si petit espace, des contrastes plus inattendus, plus romantiques, et qui fassent plus impérieusement songer à ceux de notre vie? Oh! que M. d'Arlincourt n'a-t-il vu le parc de M. de B***! la *Grotte des Druidesses*, le *Perthuis des Sarrazins*, le *Saut de la Comtesse Vert*, et le *Château des Fées*, dont une tour existe encore, rien ne lui manquerait pour faire un roman au moins aussi mélancolique que *le Solitaire* et *Ipsiboë!*

Je ne puis me dispenser de vous rapporter, sur le château des Fées, ce qu'en racontent Aymard-

Falcon, Chorrier, et le président Expilly, né dans cette ville, et auteur de quelques vers qui ne manquent ni de grâce, ni de naïveté. Ils le mettent tous au rang des merveilles du Dauphiné, qui en compte autant que le monde entier, et vous allez voir s'ils ont tort :

Certain vieux chroniqueur et naïf et sincère,
Car mot à mot il écrivit
Ce que lui conta sa grand-mère,
Sur ce château fait ce récit.
Ici, dès que le soir, de son voile grisâtre,
Entourait lentement et la terre et les cieux,
La flamme emprisonnée en des vases d'albâtre,
Se répandait au loin en parfum lumineux.
Sur un long balcon d'or, des femmes ravissantes,
Alors apparaissaient et fuyaient tour à tour ;
Sous leurs doigts inspirés, des harpes gémissantes,
Accompagnaient leurs chants d'amour.
Du prisme éblouissant des cordes agitées,
Voltigeaient sur leurs traits les mobiles couleurs;
De la sœur du Soleil les ombres argentées
Ainsi sous un ciel pur scintillent sur les fleurs.
Las d'admirer de loin ces belles,
Lorsque les chevaliers poliment demandaient
Le doux honneur d'approcher d'elles,
Aux sons bruyans des cors que les échos fidelles
Dans les montagnes répétaient ;
Sur des chaînes de fer, soudain un pont mobile
S'abaissait.... Du château les farouches guerriers,
Ouvrant avec respect leurs rangs aux chevaliers,
Inclinaient devant eux une lance civile.
Le nain (les nains étaient de bien terribles gens
Dans ces temps de chevalerie,
Ils faisaient peur même aux géans),
Le nain se piquait même alors de courtoisie
D'un bienveillant accueil quand les preux transportés

Touchaient de ce castel la porte hospitalière,
Soit caprice ou pudeur (sur ce point on diffère,
Et qui peut l'expliquer ?) les magiques beautés
S'échappaient aussitôt comme une ombre légère;
Mais au-devant des paladins,
S'offraient de nombreuses suivantes,
Aussi belles, plus agaçantes,
Au doux sourire, aux yeux lutins.
Des tuniques courtes, flottantes,
Dont l'Amour si fripon sans doute est l'inventeur,
Dessinent les contours de leurs formes charmantes,
Et n'en voilent que la fraîcheur.
O des grâces parure unique,
Charmant négligé du plaisir,
Puisque d'un soir d'été la brise balsamique,
Vous peut, comme une fleur, mollement entr'ouvrir,
Eh ! qui redouterait votre agrafe pudique ?
Il n'en fallait pas tant pour enhardir des preux.
Conduits par leurs aimables guides,
Dans une vaste salle ils entrent tout joyeux,
Demandant du balcon les dames si timides.
On leur répond qu'on est au désespoir,
Qu'on a des nerfs, une migraine affreuse,
Que l'on ne peut souper, encor moins recevoir ;
Car la beauté capricieuse,
A tant de maux en son pouvoir !
L'excuse leur paraît et plausible et polie,
Et d'autant plus qu'on peut les remplacer ;
Lorsqu'en tel cas la soubrette est jolie,
D'une princesse on peut bien se passer.
D'un bon souper l'heure tardive
Enfin se fait entendre aux chevaliers charmés
(Les chevaliers errans sont toujours affamés).
Chaque échansonne a son convive,
Et la gentille Hébé suffisait seule aux dieux !
Quand elle est belle et la soif vive,
Tout doit être délicieux.
De l'Egypte d'ailleurs la reine si perfide,
A son amant voluptueux,

Ne donna pas, je crois, un festin plus splendide.
De l'antique Phasis l'oiseau majestueux,
L'honneur des champs de Gap, la truffe parfumée,
Du limpide Furens la truite renommée,
D'or, d'argent, de corail et d'azur parsemée,
Charment, dans le vermeil, l'odorat et les yeux.
Dignes d'une poussière antique,
Dans de brillans cristaux, des vins les plus exquis
Voyez-vous pétiller les perles, les rubis?
Des plantes et des fleurs le nectar balsamique,
Auquel la Côte doit son renom glorieux,
Déjà coule à flots onctueux,
Et, philtre de l'amour, il attise ses feux.
Nos preux étaient plongés dans une double ivresse :
Ils avaient épuisé leur soif et leur sagesse,
Lorsque, des portes d'or s'ouvrant avec fracas,
Chacun de ces messieurs, conduit par sa maîtresse,
Vers un lit somptueux se dirige à grands pas.
Les suaves pinceaux du Gnide et de l'Albane,
Dans de jolis boudoirs à Cypris consacrés,
Leur peignent les plaisirs dont ils sont altérés.
Le dieu du thyrse ici s'enivre d'Ariane ;
Le pampre dont son front joyeux
Porte l'innocente couronne,
Et le bandeau de fleurs qui ceint l'or des cheveux
De la rivale d'Érigone,
Comme leurs cœurs sont réunis,
Et l'Amour, en riant, en montre les débris.
Dans ces momens de calme où près de ce qu'on aime,
Le repos du bonheur vaut le bonheur lui-même,
A son farouche amant, qui, penché sur son sein,
En contemplant sa lance oisive,
Semble encore regretter Bellone au cœur d'airain,
Et des vaincus sanglans la foule fugitive,
Là, Cythérée à Mars fait voir, d'un doigt malin,
Deux tourterelles caressantes
Sur un casque agitant leurs ailes frémissantes.
Dans ces lieux, de l'Amour tout peint l'enchantement.
Des meubles peu nombreux sa main ingénieuse,

A dessiné la forme heureuse,
Et sut donner à tous un usage charmant.
Une tendre clarté, voluptueux nuage,
Caresse les objets, les voile faiblement,
Et la glace fidèle offre à l'œil de l'amant,
Des charmes qu'il admire une vivante image.
Mais d'un mauvais génie, ô trop fatal pouvoir !
Le chevalier ravi... pouvait-il le prévoir !
A peine a-t-il foulé l'édredon élastique,
Et tendu vers sa belle un bras impatient
(Car vous saurez qu'au lit, croyez-en la chronique,
Il avait précédé son amante pudique),
Qu'une puissance inflexible et magique,
L'endort... puis sa beauté l'abandonne en riant...
Le lendemain c'est pis encore,
Et d'armes et d'habits chaque preux dépouillé,
En grelottant s'est réveillé,
Sur un lit de gazon mouillé
Et par la Morge et par l'aurore.
Loin d'en avoir enfin pitié,
De ce fatal château les Sirènes cruelles,
Lui disent gravement : « Chevalier trop courtois,
Il faut aimer, mais une fois ;
Et nous vengeons les cœurs fidèles.
Allez, messieurs, grâces à nous,
Les plaintes de l'Amour ne sont pas étouffées..
Trop volages amans et parjures époux,
Puisque l'on ne craint pas son désespoir jaloux,
Au moins doit-on craindre les fées. »

Hélas ! on ne les craint plus aujourd'hui, et c'est sans doute bien dommage. S'il suffisait, pour les rappeler à Voiron, de rebâtir leur château, les souscripteurs, femelles surtout, ne se feraient pas prier. Les couvens en souffriraient ; mais tous les couvens du monde vaudraient-ils ce château ? Le nouveau est habité par de jeunes dames dont l'amabilité et les talens sont trop réels pour qu'on ait regret aux charmes de la féerie. Leur pouvoir magique se borne à faire le bonheur de leurs maris et l'agrément de la société voironnaise ; il me semble que cette magie en vaut bien une autre.

Madame de B.... est fille de Fanny de Beauharnais, qui écrivait aussi bien qu'elle inspirait; elle fut et Muse et Grâce tout à la fois. Peu de nos femmes-auteurs ont eu ce double et précieux avantage. Cousine de l'angélique et malheureuse Joséphine, la bonté de son cœur, les grâces de son esprit et l'élégance de ses manières feraient deviner la flatteuse origine de Madame de B***.

En sortant de Voiron, quoique pressé de ne m'y pas arrêter, je fais comme Agar en entrant dans le désert ; je regarde souvent derrière moi. La montagne de Parménie surtout semble appeler mes adieux.

La patrone de l'ermitage,
Protectrice de ces cantons,
Garda quinze ans dans son village,
Son innocence et ses moutons.
Mais craignant la tendre poursuite,
D'un jeune et pressant pastoureau,
Sur le sommet de ce coteau,
Elle accourut se rendre ermite.
Fille sage est comme l'oiseau,
Tout son salut est dans la fuite.
D'arboisiers un sombre berceau,
Fut jour et nuit son seul asile.
Parfois elle allait à la ville,
Vendre le lin de son fuseau.

Cette Genevieve nouvelle,
Toujours seule, chaque matin,
Courait à l'antique chapelle,
Bien long-temps avant que l'airain
Eût appelé chaque fidèle.
De l'office revenait-elle,
Elle priait même en chemin.
Autour de sa légère taille,
Flottait l'habit religieux,
Et sous un grand chapeau de paille,
Modeste, elle baissait les yeux.
De son sein, la noire étamine
Cachait les timides contours;
Jamais sa main, même aux saints jours,
N'y mit la fleur de l'aubépine.
Un ruisseau près de son manoir,
Offrait à la soif une eau pure;
Louise y trempait son pain noir,
Et, quoique jolie, on assure
Qu'elle n'a pas osé s'y voir.

Dès que l'écho du voisinage,
Du moindre bruit l'avertissait,
Dans l'épaisseur d'un bois sauvage,
Comme une biche elle fuyait.
Mais la forêt hospitalière
Ne pourra pas l'être long-temps.
Comment, si faible et sans chaumière,
Braver la saison des autans?
Hélas! toute à Dieu, l'imprudente
N'a pas prévu cette saison.
Déjà la feuille jaunissante
Tournoie au gré de l'aquilon.
Dans sa ferveur, elle s'obstine
A fuir le monde, à tout souffrir;
Comme les fleurs de la colline,
Bientôt l'hiver la fit mourir.

Je me résous avec d'autant plus de peine à continuer ma route, que je suis tout-à-coup environné de montagnes couvertes de bruyère ou de neige. Il me semble qu'elles sont les redoutables frontières qui séparent deux zones brusquement opposées. A la végétation la plus féconde et la plus riante, succède tout-à-coup une nature stérile, morne et sauvage. C'est le terrible enfer du Dante; point d'issue pour en sortir. A peine ai-je fait quelques pas, que les deux rochers, entre lesquels j'ai passé pour entrer dans une gorge affreuse, semblent se réunir pour s'opposer à mon retour. Vous vous attendez, sans doute, à me voir poursuivi par quelque bête féroce; rassurez-vous, mon ami;

Pas le moindre accident, pas la moindre aventure!
Pour me faire enrager, le ciel était très-beau,
Et sur le grand Crosset, qu'eût dû gravir Saussure,
    Quoique cité pour sa froidure,
Sous les feux du lion, j'ai passé tout en eau.
    Guidé par ma mauvaise étoile,
Je n'ai pu rencontrer ermite ni voleur;
Point de vierge surtout : c'est jouer de malheur:
Dans ces maussades lieux, un seul marchand de toile,
Juché sur son ânon, fier comme un empereur,
S'en allait en Savoie, en tout bien, tout honneur,
Et m'assurait surtout qu'il n'était pas menteur.
Un pareil compagnon n'est pas très-poétique :
Aussi notre entretien est bientôt terminé.
Aux calculs positifs de son arithmétique,
    Dans sa bêtise *prosaïque*,
    Cet esprit lourd toujours borné,
Par Barême abruti, n'a jamais soupçonné
Le charme inspirateur du *vague romantique*.
Quand j'admire ces monts, ces colonnes des cieux,

Fiers monumens de la nature,
Que noircit des sapins le deuil religieux,
Où parmi les glaçons rit un peu de verdure,
Où l'écho du désert confusément murmure
Des ours le hurlement affreux,
Ou le cri du chasseur qui leur sert de pâture,
Mon patentable y voit des remèdes fort bons,
Du buis pour les tourneurs et les meilleurs charbons!...
Au bord du noir torrent qui tombe, écume et gronde
Sur des rochers brillans, sonores, caverneux,
Où l'avide épervier, seul hôte de ces lieux,
Fait bruire, en se jouant, son aile vagabonde;
Où Rousseau méditant, sensible et malheureux,
Peignit sa rêverie et sublime et profonde
Comme ces flots tumultueux,
L'animal calculant, dans sa gaîté grossière,
Me dit d'un ton sot et railleur :
Sans être un grand sorcier, je gage que monsieur,
Qui se connaît en fine chère,
Est des truites du Guier un friand connaisseur.

Vous sentez, mon ami, qu'un homme qui se pique de romantisme ne peut supporter de sang-froid un langage aussi matériel, aussi désenchanteur, et que ce qu'il a de mieux à faire, c'est de porter plus loin son indignation et sa mélancolie.

Arrivé près du chemin de la *grande Chartreuse*, je l'aurais suivi bien volontiers, si je n'avais été attendu à Chambéry avec l'impatience de l'amitié. Reconnaissant de l'accueil vraiment patriarchal que m'avaient fait les bons pères, je leur envoyai les vers suivans par un pélerin qui montait au monastère :

Saints fils de saint Bruno, si chers à l'Éternel,
La piété, long-temps avec vous fugitive,

Célèbre dans ces lieux son retour solennel.
En ce séjour sacré la foi devient plus vive;
On s'éloigne du monde, on s'approche du ciel.
Ce monde n'est pour vous qu'une terre captive,
Dont vous ne conservez qu'un souvenir cruel.
Eh! qui peut, revoyant le temple d'Israël,
Regretter les palais de l'impure Ninive?

Tout en rêvant à la sagesse ou à la folie de la vie cénobitique, que l'on peut juger diversement, j'arrive aux Échelles, que le Guier divise en deux nations. La politique seule les a séparées, car il semble que la nature, par leur situation géographique et les sentimens fraternels qui les unissent, a voulu qu'elles ne fissent qu'une seule famille.

Je ne m'étendrai pas sur toutes les vexations humiliantes, obscènes, et cependant inutiles, du système des douanes; il n'est imaginé, je pense, que pour dégoûter les honnêtes gens des voyages, et que pour stimuler l'adresse et l'audace des contrebandiers.

Je ne conseille pas à la femme, dont les appas sont postiches, d'aller aux Échelles; on pourrait bien les déclarer en *fraude* et *saisissables*. Quant à ceux qui sont réels, ils ne passent qu'après avoir été bien reconnus pour tels.

On ne parlerait pas du Guier tel qu'il est ici, si ses deux rives ne servaient de frontières. Quoiqu'on puisse le passer souvent à pied sec, comme le Jourdain, que M. de Chateaubriand mit si dévotement en bouteille, on l'a gratifié d'un assez joli pont : c'était lui faire, comme à tant de gens, plus d'honneur qu'il n'en mérite. Cependant, pour l'observateur des mœurs, des usages et des gouvernemens, il est un océan atlantique qui sépare deux mondes. Dès qu'on touche le sol de Savoie, on est, comme par enchantement, transporté à deux mille lieues de France. L'humble politesse, ou plutôt la lâche servilité des paysans, leurs regards obliques et embarrassés, et leurs salutations en quelque sorte suppliantes dès qu'ils aperçoivent un prêtre ou un carabinier royal, semblent dire à l'homme libre : Tu ne l'es plus ici. Les montagnes âpres et stériles, qui circonscrivent ce pauvre et malheureux pays, annoncent de loin une vaste et effrayante prison ; et l'on songe *au geolier des Alpes*, comme a si bien dit M. de Pradt. Je ne sais quel air épais de servitude vous suffoque alors, comme les exhalaisons pestilentielles des marais Pontins. J'étais tenté de revenir sur mes pas ; il me semblait que je me trouvais à l'entrée de l'Averne, et je me retournais avec orgueil et amour vers notre *tant doux pays de France*. Profondément ému, je lui tendais les bras, comme Énée laissant son père aux champs Élysiens.

A l'entrée des Échelles savoyardes, on passe devant un café, sur la porte duquel on voit qu'on ne reçoit de nos journaux, par ordre de son Exc. le comte Dandézéno, gouverneur du duché, que la *Quotidienne*, le *Drapeau Blanc* et les *Débats ;* c'est assez loyalement annoncer que, dans ce bienheureux pays, on peut lire, penser et parler avec permission. Cette affiche, vraiment monarchique, a son mérite; comme la croix pendante le long des toits qu'on répare, elle prévient les étrangers de profiter de la liberté grande et unique qu'on leur accorde généreusement de se taire, de voir et d'observer en toute sûreté. C'est toujours quelque chose, et on serait heureux en Espagne, dans cet Eldorado des absolutistes, d'en avoir autant.

Telles étaient les douces réflexions que faisait naître en moi le gouvernement absolu, que tant de gens prétendent paternel, sans doute comme l'était le vieux et bon Saturne. J'avance dans la nouvelle route de Chambéry; au lieu de cette montagne escarpée et dangereuse, qu'on nomme *la Grotte*, et pour laquelle le conteur-historien St-Réal a fait la plus emphatique des inscriptions, qui sont, comme on sait, le *nec plus ultrà* de l'hyperbole, on trouve maintenant, pendant une lieue de poste, une rampe presqu'insensible, dont les côtés sont embellis par de régulières allées de noyers, et sont fréquemment soutenus par des parapets de ponts, dont deux surtout se distinguent par la beauté, l'élévation et la hardiesse de leur architecture. On jette un dernier regard d'admiration et d'adieu sur la vaste plaine du Graisivaudan, imposante mosaïque des divers produits de la plus riche végétation, que l'on entrevoit entre les montagnes qui séparent la Savoie du

Dauphiné. Tout-à-coup, saisi d'étonnement et de crainte, vous entrez en hésitant dans une galerie creusée au sein d'énormes rochers, et au bout de laquelle le jour apparaît comme une lumière vacillante qu'on découvre, pendant la nuit, dans une perspective lointaine. Cette galerie a 307 mètres de longueur, 8 de largeur, et autant de hauteur. Trois réverbères l'éclairent suffisamment. Les piétinemens de mon cheval s'y répètent d'une manière si retentissante, et telle est l'illusion qu'on éprouve, que je crois entendre la détonnation d'une mine. Ce monument, plus majestueux et surtout plus utile que la célèbre grotte de Pouzzolles, et dont auraient été fiers ou jaloux les Pompée, les César, les Auguste et les Trajan, est dû, comme vous le pensez bien, à Napoléon, que l'on reconnaît, ainsi qu'eux, à la majesté de ses ouvrages, qui, tels que sa renommée, sont à l'abri des hommes et du temps, bien autrement redoutable. Il est partout, quoique son nom ne soit plus nulle part, car sa mémoire est et sera plus invincible que ne le fut naguère son épée. Méditant sur le grand homme du dix-neuvième siècle, aussi fatal à lui-même qu'à la liberté, qui, plus grand que ses triomphes et sa chute, du rocher historique de Sainte-Hélène dominait encore tous les trônes du monde qu'il était digne de conquérir et de gouverner, je cheminais lentement sans remarquer les beautés sauvages et pittoresques de longues montagnes parallèles, dont les masses inclinées et presque détachées de leurs bases, par les torrens qui les sillonnent, menacent la route tortueuse qu'elles ombragent. Un bruit soudain et retentissant me réveille : c'est celui de la cascade de Couz, *la plus belle* que Rousseau *vit de ses jours.* Au basard *d'être bien mouillé*, je m'en approche avec empressement. Mais, depuis la charmante description qu'il en a faite, une partie du rocher s'étant éboulée, la chute qui était arquée est présentement perpendiculaire.

Du haut d'un roc sauvage où la neige entassée
Offre un séjour tranquille au chamois vagabond,
Comme un bloc de cristal, la cascade élancée
Se précipite d'un seul bond.
Dans sa chute rapide elle paraît glacée;
Et des feux du soleil, brillante, aux yeux surpris,
On dirait d'un volcan la lave incendiaire,
Qui, d'une vive flamme éclairant l'atmosphère,
De rochers embrasés dévore les débris.
Mais bientôt, comme Achille aux pieds d'Iphigénie,
Son courroux mugissant s'apaise par degré,
Et son onde paisible, unie,
Coule en filets d'argent sur un sable doré.

En entrant à Chambéry, je vis toutes les maisons pavoisées de drapeaux bleus et d'aigles noires, et j'eus l'honneur de passer, moi indigne, sous plusieurs arcs de triomphe. Vous pensez bien que tous les poètes de profession et surtout ceux de circonstance, qui sont toujours les plus nombreux, n'ont pas manqué de faire les plus jolis calembourgs de Savoie sur le nom du roi, qui s'appelle Félix. Dans leur verve louangeuse, ils ont même complimenté la reine sur son âge; elle a cependant la soixantaine, si toutefois une reine peut l'avoir jamais. L'un d'eux a comparé l'amour du peuple pour son monarque à la pureté de la *neige*. *Amour* et *neige!* Et personne n'a trouvé séditieux ce singulier rapprochement de mots, étonnés d'être ensemble! La police même ici n'entend malice à rien. On n'y connaît pas encore le système *interprétatif*. Jamais on ne lut inscriptions plus hyperboliques ou plus naïves. Les plus grands rois passés et présens n'y figurent que comme des roitelets, comparés au tout-puissant et invincible duc de Savoie, que Frédéric appelait *un roi de situation*. C'est un Salomon, un César, un Constantin; comme Moïse, il attire toutes les bénédictions célestes, et, la veille de son arrivée, la grêle et des torrens avaient tout détruit de Modane à Aix-les-Bains!

Et voilà justement comme on écrit l'histoire.

Enfin le tintement des cloches pacifiques, et non la détonnation des canons guerriers dont cette capitale est délivrée depuis l'échauffourée du prince Carignan, annonce l'arrivée de la famille royale. Leurs Majestés et la duchesse de Chablais, sœur du roi, sont précédées et suivies de deux escadrons de carabiniers royaux. On dirait de grands personnages que l'on conduit dans une prison d'état.

Il me semble que, si j'avais l'honneur d'être roi, je voudrais un autre cortége.

La foule se rend le soir au château du gouverneur, qui fut construit, dit-on, en 1232, par Thomas, premier comte de Savoie. Les ducs y résidèrent jusqu'à l'époque où ils se fixèrent en Piémont. En l'an VII de la République, il devint la proie des flammes, et on ne put leur en dérober qu'une partie, qui n'offre rien de curieux. Quand le roi n'aura plus de couvens à doter, il le fera reconstruire; il l'a promis.

La fête a commencé par un feu d'artifice, beau pour un feu d'artifice de Savoie, et par des symphonies militaires qu'on eût applaudies partout. Tout cela cependant a été vu et entendu avec le plus respectueux silence. On m'assure que le rédacteur du journal de Savoie parle d'universelles acclamations. Les a-t-il réellement entendues? cela peut être; il est des gens dont l'oreille est si fine!... J'ai remarqué qu'ici le plaisir se prend en patience comme la peine; je crois que le premier Savoyard fut fait avec de la neige du Mont-Blanc.

Grande présentation du clergé, de la noblesse, du sénat, des capucins, des officiers, des abbesses, des chevaliers-tireurs, et des inévitables jésuites.

Cette auguste cérémonie consiste à baiser à genoux la dextre du monarque, et on en est tout fier et même envié!....

Sa Majesté n'est sortie que pour aller à la messe et au spectacle. Aussi les prêtres et les comédiens sont ils bien satisfaits. On a remarqué, à l'opéra des *Deux Savoyards*, que, lorsque l'un d'eux dit que *si le roi le veut, lui ne le veut pas,* Sa Majesté a subitement froncé, comme Jupiter, ses sourcils monarchiques; mais heureusement elle a retenu son foudre.

Je suis fort embarrassé de vous peindre la figure de Félix. Les rois sont, comme vous le savez, les images de Dieu sur la terre; mais ce beau idéal n'a pas de principes, de données bien fixes, bien connues; et j'ai remarqué que, dans cette occasion, il ne ressemble en rien à celui dont l'Apollon du Belvédère est le divin modèle.

La ville de Chambéry, toute petite qu'elle est, prête beaucoup aux investigations de l'observateur. L'homme le plus frivole est, à chaque pas, frappé de l'influence immédiate qu'exerce sur toutes les classes un gouvernement militaire, aristocratique et dévot; il semble que, depuis Henri IV, au moins, elle a cessé d'être française, tant les allures de l'esclavage y paraissent nationales.

La noblesse de Savoie, dont la nôtre même se moque, quoique pauvre et d'écus et de considération, est grotesquement orgueilleuse et insolente. Son mépris superbe pour ce qu'on appelle les roturiers, choquerait, j'en suis sûr, le féodal M. de Montlosier; et, chose plus étonnante, ils paraissent s'y résigner... Se résigner au mépris!... Eh! malheureux! au lieu d'être bourgeois, que ne vous faites-vous ramoneurs! on les ménage, on en a besoin, et on ne les avilit pas. Pourrez-vous croire, quoique ce soit un fait notoire et attesté, que ces ilotes volontaires, et probablement salariés pour quelques places obscures, souffrent que leurs femmes aillent, le matin, saluer madame Dandézéno, qui, couchée dans son lit dont elle fait un trône, daigne les recevoir avec bonté quand Morphée a caressé ses nobles paupières! Vous pensez bien que les dames privilégiées, c'est-à-dire de qualité, ne vont au château que le soir, et sont traitées avec la politesse la plus obséquieuse et la plus italienne.

Ab uno disce omnes.

La haute noblesse peut seule louer les premières loges au spectacle, et personne ici n'en est même étonné. C'est un droit acquis et reconnu. Mais, comment ne serait-elle pas si vaine quand on a presqu'universellement pour elle une sorte d'idolâtrie? Tout le monde ici veut être ou gentilhomme, ou protégé par un gentilhomme. Des plébéiens sont nobles sénateurs et nobles chevaliers de l'arquebuse. Ces titres de marquis, de comte, de baron, etc., sont dans toutes les bouches roturières, comme les mots d'honneur chez nos usuriers et nos catins, et de religion chez nos comédiens de morale et de politique. La noblesse, en Savoie, et plus qu'ailleurs, foule le peuple, envahit la magistrature, et commande au roi lui-même.

Feu Victor-Emmanuel, pour récompenser un petit hobereau dont le dévouement pour les Autrichiens, en 1814, n'avait pas reculé même devant l'espionnage, l'avait nommé maréchal-des-logis de ses gardes-du-corps. Il ne put le conserver dans ce grade, parce que son protégé n'était pas assez noble.

Il est singulier que le temps, qui est un grand maître, même en logique, et qui réforme tant de sots abus, n'ait pas encore fait justice du plus absurde et du plus gothique de tous. Pourquoi un nouveau Michel Cervantes ne détruit-il pas la *nobiliomanie*, comme l'ancien a détruit la chevalerie, qui, malgré ses ridicules, avait cependant ses avantages?

En vérité, qu'est la noblesse,
Dont tant de fats sont orgueilleux ?
Poppée, aussi bien que Lucrèce,
En a le dépôt précieux.
Une vertu miraculeuse
Ne saurait la mettre en crédit :
Antique, elle est au moins douteuse,
Et nouvelle, chacun en rit.
Et nous souffrons, sots que nous sommes,
L'orgueil de tous ces nains titrés,
Qui sont, dit-on, de nos grands hommes,
Les petits-fils dégénérés !
Quoi ! l'on prétend que je comprenne,
Que, grâce à des quartiers de plus,
Les gens qui de lui sont venus,
Soient bien plus nobles que Turenne !
Moins absurde cent fois serait
Une laidron enorgueillie

Des billets doux qu'on écrivait
A sa mère qui fut jolie.

Le duel est ici défendu sous peine de mort et de confiscation des biens; mais cette loi est plus barbare que le duel lui-même; elle assure l'impunité de la puissance ou de la faveur provocatrice.

On m'a dit que Félix, étonné de ne pas voir la bourgeoisie au château, en a témoigné sa surprise au comte Dandézéno, qui noblement a répondu qu'il n'avait pas cru qu'elle fût digne de lui être présentée; et le roi ne sait pas encore ce que c'est qu'une bourgeoisie. Les rois ne sont pas curieux.

Jamais, je crois, je ne vis tant d'officiers qu'à Chambéry; les moines ne sont pas plus nombreux à Madrid. Tout gentilhomme, à moins qu'il n'endosse la toge sénatoriale, est pourvu d'un grade en naissant, ou je crois même avant de naître. J'ai vu les grosses épaulettes à un malheureux que sa mère a fait tout à la fois baron, cul-de-jatte et colonel.

Tous les grades de la cavalerie appartiennent à la caste privilégiée. Moins aristocratique, l'infanterie admet dans les siens quelques *bons bourgeois*, mais uniquement comme instructeurs; on leur permet d'être des officiers de mérite.

Les uniformes sont chargés d'argent et d'or. L'habit d'un garde-du-corps est plus riche que celui d'un général français.

Quand on prend du galon, on n'en saurait trop prendre.

Je le sais; mais cependant, quand on a vu la tenue élégante et martiale d'une armée, que l'on peut dire classique, et pour laquelle les capitales de l'Europe ne furent que des villes de garnison, on est tenté de prendre les officiers piémontais pour des marchands de baume. A cela près, les troupes m'ont paru belles et bien exercées. En les voyant, on ne peut s'empêcher de dire : Napoléon a *passé par là.* On s'attache cependant avant tout à les rendre dévotes, et on préfère le baptême d'eau au *baptême de feu.* A midi sonnant, les soldats s'agenouillent sur deux rangs; un officier chevrote *l'Angelus*, quand les aumôniers, répandus dans les cafés, jouent au *taro*, ou boivent le *vermouth.* C'est aujourd'hui à Chambéry que l'Italie commence, et c'est au parti prêtre que l'on doit cette triste révolution. Les prédicateurs que j'y ai entendus m'ont fait songer à celui dont parle Mme de Staël, dans son roman de *Delphine.* L'un d'eux, qui passe ici pour célèbre, prêchait un jour sur la fidélité des soldats au roi, les menaçait de la potence s'ils y manquaient, et imitait, pour les effrayer, les contorsions d'un pendu.

Le cardinal Maury, dans son *Traité de l'Éloquence de la Chaire*, ne parle pas de cette pantomime oratoire.

Autant que les Savoyards peuvent haïr, ils détestent les Piémontais, qui les traitent vraiment en vaincus. Il existe entre ces deux peuples une antipathie nationale, que ces derniers ne font que corroborer par l'expression altière de leur prétendue supériorité. Malgré leur amour désordonné pour le luxe et l'ostentation, qui contraste avec la simplicité et la bonhomie chambérinoise, on ne peut voir en eux que des singes maladroits de l'élégance française. C'est M. Jourdain, voulant paraître homme de cour. Ce qui leur manque surtout, c'est cette fleur suave et légère d'urbanité, dont se parent avec tant de grâce les aimables Parisiens. Le Piémont est d'ailleurs à l'Italie, sous ce rapport, comme vous le savez bien, ce qu'était la Béotie à la Grèce. Cependant il figure honorablement dans les fastes des armes, des sciences et de la poésie; il avait dans nos rangs des généraux distingués, et des régimens auxquels la victoire avait donné leurs noms. Mais le pays qui vit naître Alfiéri et Lagrange, n'a pas besoin d'autres titres de gloire, et l'Europe savante le salue avec respect et reconnaissance.

Le gouverneur n'est connu que par sa place; il semble n'être né qu'avec elle. Sa nullité complète à une époque où tout le monde, et en Piémont surtout, était, ou pouvait être quelque chose, a seule fait sa fortune. C'est une manière de pacha plus absolu, comme c'est l'ordinaire, que le sultan lui-même. Tel qu'Aman, il se fait saluer dans les rues, et malheur à ceux qui ne préviennent pas ses ordres à ce sujet! Dès qu'il paraît, toutes les têtes s'inclinent respectueusement devant lui, comme celles de ces petites statues de plâtre, qu'un léger fil de fer soutient et fait mouvoir sans cesse.

La justice savoyarde est une justice turque ou inquisitoriale. Jamais l'accusé n'est confronté avec ses accusateurs et les témoins. Un avocat ne peut le défendre de vive voix, et les débats sont secrets. Quand on ouvre la prison, il ignore s'il doit aller embrasser sa famille, ou suivre le bourreau...

Michel Montaigne (en 1581), dans le récit de son voyage en Italie, parle ainsi de Chambéry : « Ville » petite, belle et marchande, plantée entre les » monts, mais en un lieu où ils se reculent fort, » et font une bien grande plaine. »

Si ces monts ont reculé, ils ont bien avancé dans la suite, car ils entourent et pressent la ville. Quant à la *plaine*, elle s'est singulièrement rétrécie. On serait tenté de croire qu'il en a parlé comme le singe de la fable parlait du Pirée.

La campagne est fraîche, variée, féconde et pittoresque, mais dans un petit rayon. « Je tire de la Savoie ce que je peux, et du Piémont ce que je veux, » disait Charles-Emmanuel. Aussi, sous le rapport fiscal, nous était-elle plus onéreuse que productive. Mais elle reculait nos frontières, et nous aimions ses bons et loyaux habitans.

Admirateur passionné du génie de Rousseau, je ne le suis pas de son caractère. Vous pensez bien que ce n'est pas aux Charmettes qu'on peut vénérer sa mémoire. D'ailleurs, cette petite maison ne ressemble plus à celle de madame de Varrens, et n'a rien de curieux. Je me suis contenté de la voir de loin, malgré la notice vraiment originale qu'a publiée son enthousiaste propriétaire.

Sur le penchant d'un vert coteau,
Où l'Amour embellit de propices retraites,
Mon œil, avec dégoût, aperçoit les Charmettes.
J'y vois un homme abject et n'y vois pas Rousseau.
Quoi! mercenaire amant d'une femme avilie,
De son ignoble Anet rival affectueux,
Un jour il osera nous peindre dans Julie
Et la vertu sensible et l'amour vertueux!...
Captif dans les roseaux, de la fange fatale,
Après de longs efforts, oui, l'aigle sort enfin.
Que le génie est beau, lorsque de la morale
Il est l'interprète divin!
Un jeu du sort détruit le plus puissant empire,
Quand tous les jours le sien s'étend.
Rousseau, comme le ciel * qu'avec toi l'on admire,
Plus tes pinceaux sont purs, plus tu nous parais grand.

On commence ici à bâtir avec l'élégance italienne. Un vilain hangard, qu'on appelle, sans doute par antiphrase, *rue Couverte*, sera remplacé par de belles maisons. J'ai remarqué quelques édifices, tels que des églises, des hospices, une immense caserne que nous avons eu la générosité de construire, et surtout une salle de spectacle, qui est même ridiculement magnifique pour une ville si petite et si pauvre; je la compare à un beau diamant à la main d'un homme mal vêtu. Une grande partie des embellissemens faits et à faire,

* Voyez dans *Émile* la magnifique description du lever du soleil, etc.

sont et seront dus à la munificence plus patriotique qu'éclairée du comte de Boïgne. Les pauvres ont quelque part à ses bienfaits ; mais en le bénissant, ils doivent maudire les jésuites et tous les moines, dont ils ne reçoivent en quelque sorte que les restes. On prétend qu'il est plus riche que le roi, et qu'il doit sa prodigieuse fortune aux Anglais, vainqueurs peu généreux du sultan de Mysore, dont il était, dit-on, un des généraux les plus distingués. Napoléon n'a jamais voulu le voir.

La ville de Chambéry n'a que deux libraires, qui ne vendent guère que des livres ascétiques. On serait tenté de croire que les prêtres seuls ici savent lire. Cependant la Savoie s'enorgueillit, et avec raison, d'être la patrie de Saint-Réal, de François de Sales, de Berthollet, de Bouvart, etc. Française, elle mérita ce beau titre par l'héroïsme de ses guerriers. Nous lui devons, parmi beaucoup d'illustres généraux, le brave et philosophe Desaix, si justement nommé le Catinat du siècle.

On assure généralement que le sénat compte des jurisconsultes d'un rare mérite, et que la cour de Grenoble était fière d'en posséder quelques-uns.

Le premier des beaux-arts pour les Chambérinois est l'art culinaire, dans lequel ils ont une incontestable supériorité. Aix doit sa renommée européenne autant à sa bonne chère qu'à ses eaux thermales. L'éloge des poissons du Bourget, de la succulence des légumes et des fruits, comme de la sève généreuse des vins de Chotagne et de Montmélian, est dans toutes les bouches gastronomiques.

Je me garderai bien, mon ami, de terminer ma lettre, sans vous dire un mot des femmes. Autrefois j'aurais commencé par elles, et j'en aurais parlé plus longuement.

Rousseau en a fait l'éloge, et c'est un beau titre pour elles. Elles passent pour être bonnes, franches, et aussi peu coquettes qu'elles peuvent et doivent l'être. On s'embrasse ici comme on salue en France, et on ne peut les en blâmer : elles ont la bouche si caressante, si suave et si bien ornée! Des critiques, trop sévères sans doute, qui trouvent un peu *hommasses* les femmes de Rubens, et les anges de Raphaël trop *bouffis*, ne ménagent pas les belles Chambérinoises. A les entendre, ce sont des statues d'un marbre éclatant et pur, mais dont les formes ressortent trop; et les Grâces ont oublié de leur donner ce précieux *fini* qu'on ne trouve que dans leurs chefs-d'œuvre. Il ne leur manque enfin que ce qu'elles auraient dû leur ôter.

Quoi qu'il en soit, voici l'origine de leurs charmes, et du reproche qu'on leur fait :

Quand, de la mer abordant le rivage,
Vénus parut, vierge enfantine encor,
Tous les appas étaient son doux partage;
Hors ces contours dont la pêche est l'image,
Qui des beautés complète le trésor.

Pensive, un jour, sous un berceau de rose,
Elle rêvait à ses charmes naissans :
Vraiment peut-on s'occuper d'autre chose,
Lorsque finit le froid sommeil des sens.
De ses cheveux les boucles onduleuses,
D'un voile d'or ombragent ses attraits.
D'un corps si beau les courbes gracieuses
Frappent surtout les regards satisfaits ;
Son sein alors comme un tapis de neige
Étant uni, soudain choque les yeux ,
Car une belle a l'heureux privilége
De deviner de qui lui sied le mieux ;
Elle le cherche, et sa main étourdie,
Sur sa poitrine applique en se jouant,
L'albâtre pur d'une coupe arrondie.
La forme y reste.... et dans le même instant,
Elle aperçoit, et surprise et charmée,
Croître agités deux globes sous sa main ;
Et s'échappant de la rose embaumée,
Deux frais boutons étaler leur carmin,
Prêts à s'ouvrir sous un baiser de Flore,
Mais que l'Amour doit bientôt faire éclore.
On publia ce miracle avéré,
Certifié par la fille de l'onde.
Chacun de voir cette coupe féconde ;
On vint du ciel comme du bout du monde,
Car un beau sein est partout désiré.
Jamais Lorette et Rome et Compostelle,
N'ont attiré tel concours féminin :
Jolie ou laide, et déesse et mortelle,
Toutes voulaient de ce moule divin :
C'était alors une mode nouvelle,
Et cependant elle n'a pas de fin.
A tant de vogue il ne pouvait suffire,
Et l'on craignait qu'il ne fût enlevé,
Ce qui serait tôt ou tard arrivé ;
Car la beauté si vivement désire !
Dans un beau temple à Vénus élevé,
Où le saphir brillait sur le porphire,

Un coffre d'or le renferma bientôt :
Il n'en sortait sans une riche offrande.
Le desservant (un prêtre n'est point sot,
Et sait tirer parti de sa prébende,
Qu'il prêche Allah, Dionée ou Jésus),
Voyant fort bien que l'affluence est grande,
Et qu'en tel cas jamais on ne marchande,
Voulut avoir une coupe de plus.
Il s'empara de celle de Bacchus ;
Large, profonde et par le vin rougie,
Et peu semblable à celle de Vénus :
Grossière était cette supercherie,
C'est pour cela qu'elle réussit mieux.
Gens à relique ont-ils jamais des yeux ?
On confondit. De Chambéry les belles
Furent surtout dupes de cette erreur.
Heureusement l'Amour prit pitié d'elle ;
Il leur devait un don réparateur.
Depuis long-temps à son culte fidèles,
Ce charmant dieu connaissait leur ferveur.
Grâces à lui, la fleur de l'aubépine,
Leur a prêté sa piquante blancheur ;
De la santé la rose purpurine,
Dès ce moment assura leur fraîcheur.
Cet heureux don qu'à tout l'Amour préfère,
A la beauté donne son plus grand prix :
Même sans elle il sait encor nous plaire.
Vous me direz qu'une femme à Paris,
D'une sylphide a la taille légère ;
Mais, mon ami, le Turc voluptueux
Lui jette à peine un regard dédaigneux.
De son harem l'odalisque admirée,
Comme un beau fruit est ronde et colorée.
En fait de femme, il juge mieux que nous.

De vos attraits, belles, contentez-vous :
Si, de Cypris la coupe enchanteresse
N'est pas connue aux rives de la Leisse,
Dignes objets des plus tendres transports,

Jeunes beautés qu'à regret j'abandonne,
Du dieu joufflu que le pampre couronne.
Étalez-nous la coupe aux larges bords,
Dont vous portez la double et fraîche image.
Oui, tout buveur vous doit son tendre hommage:
Ah! lorsqu'enfin à son amour heureux
Votre pudeur mollement s'abandonne,
En contemplant un sein voluptueux,
Nouveau Bacchus, il presse une Érigone,
Et comme lui, boit le nectar des dieux.

Quand vous irez à Chambéry, rappelez-vous cette histoire, au moins aussi vraie que telle qui passe pour l'être; et puissiez-vous, mon cher ami, et pour vous et pour les belles que vous y verrez, me dire à votre retour, comme Athalie: *J'ai voulu voir, j'ai vu.* En vous peignant leurs charmes appétissans, je ressemble, et malgré mon stoïcisme, j'en suis un peu piqué, à ce marin qui, ayant passé à quatre lieues du Ténériffe, n'en écrivit pas moins sur son journal que les habitans lui avaient paru fort affables.

www.ingramcontent.com/pod-product-compliance
Lightning Source LLC
LaVergne TN
LVHW020306230826
846091LV00006B/2547

* 9 7 8 2 0 1 3 4 4 4 0 4 0 *